VIE

de

Monseigneur

LE GROING LA ROMAGÈRE,

Evêque du diocèse de Saint-Brieuc,

Suivie

d'une Notice

sur M. LE MÉE, son successeur.

Par M. de Garaby, chanoine.

Prix : 50 cent.

Imprimerie de Ch. Le Maout,
Editeur du *Publicateur des Côtes-du-Nord*,
à Saint-Brieuc;

VIE

de

Monseigneur

LE GROING LA ROMAGÈRE,

Évêque du Diocèse de Saint-Brieuc.

CHAPITRE 1.

Depuis sa naissance jusqu'à la Révolution.

M. Mathias Le Groing naquit le 5 décembre 1756, dans la paroisse de Saint-Sauvier, en Bourbonnais, au château antique et modeste de La Romagère ; mais il porta long-temps le nom de La Troyère, autre domaine de sa maison. Un de ses frères, Pierre-Joseph, le précéda dans le saint ministère, les autres prirent le parti des armes ou de la marine ; une de ses sœurs épousa le comte de Verdal. Cet ancien militaire, grand d'Espagne, a été député et rédacteur d'un journal. Dans son veuvage, il a embrassé l'état ecclésiastique à Saint-Brieuc. Il est chanoine et cultive les lettres au sein de sa famille.

Les premières années de *La Troyère* s'écoulèrent sous le toit paternel. Les auteurs de ses jours y donnaient l'exemple des vertus chrétiennes. Il eut aussi le bonheur de voir deux oncles éminents en piété : l'un était chevalier de Malte, et l'autre capucin. Ce religieux, dans un esprit d'abnégation, avait demandé d'être éloigné de son pays : on l'envoya en Bretagne ; mais ses parents obtinrent du général, le célèbre père Aimé de Lamballe, qu'il fût placé à Montluçon, ville voisine de leur résidence.

A neuf ans, La Troyère, qui était d'une santé très délicate, y fut mis en pension chez une institutrice. Saisissant toutes les occasions d'éloigner ses élèves du mal, elle crut leur donner une leçon excellente, en les faisant assister à une exécution. La voilà en face de la potence, à la tête de ses écoliers. Le bourreau vient pendre et tourmenter un homme, jusqu'à ce que mort s'en suive. Ce spectacle épouvanta tellement notre petit curieux, qu'il faillit en perdre la vie.

Un peu plus avancé en âge et en science, il fut placé au collége de Vendôme. Les savants Bénédictins furent ses directeurs. Il passait de délicieuses vacances à Blois, chez l'évêque, son parent, qui retraçait les mœurs apostoliques.

Notre prélat aimait à raconter les innocentes espiégleries qu'il faisait avec d'autres neveux de l'aimable vieillard. En voici une. Le secrétaire, qui servait toujours, gardait la meilleure part. Nos malins convives s'en aperçurent, et la demandèrent à l'envi. Force fut de la livrer; mais le lendemain, il eut la précaution d'en garder deux. Soins superfflus! la double proie fut réclamée. L'oncle riait d'un bon cœur des déceptions du gourmand.

Après les fleurs de la rhétorique, vinrent les épines de la philosophie. Ce fut à Saint-Sulpice que notre étudiant les connut; ensuite, il entra en théologie. Un accident menaça son existence : il fut empoisonné avec ses condisciples, à Issy, par des viandes oubliées plusieurs jours dans des vases en cuivre. Un seul périt. Notre séminariste en fut quitte pour une nuit d'indisposition, grâce à sa sobriété.

Il termina ses cours en Sorbonne et y reçut le bonnet de Docteur. Tenant à la famille du Cardinal de Richelieu, il fut élu prieur. Cette dignité entraînait des frais considérables de représentation; mais elle mettait en rapport avec tout ce qu'il y avait de notable et d'influent à Paris. Notre prieur allait souvent chez le vieux maréchal de Richelieu que fréquentait Voltaire; mais il évita de rencontrer le philosophe. Il fut lié avec l'abbé de Talleyrand, qui a joué le premier rôle en politique ; avec l'abbé de Poulpiquet, qui a été évêque de Quimper; avec Mgr. le Pape de Trévern, évêque de Strasbourg et écrivain estimable. Sa place le fit jeter l'eau bénite sur les dépouilles du duc d'Aiguillon, ancien gouverneur de Bretagne, à qui nous devons nos grandes routes; elle lui procura l'honneur de recevoir des princes étrangers au tombeau de l'immortel ministre de Louis XIII : elle lui ouvrait le chemin des hauts emplois dans l'église.

Mais, à peine promu au sacerdoce, il regagna sa province, n'aspirant qu'à devenir curé de village. Bientôt, à 27 ans, il fut tiré de sa retraite par Mgr. de Clermont-Tonnerre qui le fit chanoine, théologal et grand-vicaire de Châlons-sur-Marne. Le bénéfice était de 2,000 fr. Le nouveau membre du chapitre donnait son temps à l'étude, à la prédication et à l'amitié. Il était pensionnaire d'un autre vicaire-général, M. d'Andigné, ecclésiastique très instruit et d'une société charmante, qui est mort évêque d'Angers. Ce fut alors que l'abbé La Romagère composa et fit jouer par des enfans de La Psallette une comédie en prose et vers qui a pour objet la correction des défauts du jeune âge. Cependant se préparait en France une de ces tragédies qui remuent le monde entier. Nous allons voir comment il y figura.

CHAPITRE 11.
Pendant la Révolution.

1789. Il assista, comme vicaire général, à l'assemblée baillagère de Châlons, où son évêque fut élu député ; muni d'une procuration, il prit part à la réunion du même genre à Vitry-Le-Français, y fit nommer M. d'Andigné commissaire et refusa le même honneur. Il parvint à faire limiter les pouvoirs des députés et à les obliger de rendre compte de leur conduite, à la fin de leur mission.

Il en donna l'exemple. A son retour dans la ville épiscopale, il exposa aux autres chanoines ce qu'il avait fait, et les engagea à signaler au souverain les périls de la religion. On le chargea de la rédaction du mémoire; mais quelques unes des expressions parurent hardies à l'égard de l'autorité royale, et il le retira.

L'abbé La Romagère se rendit à Paris et à Versailles, peu de jours après l'ouverture des états. Il entendit M. Sycyes, ex-chanoine de Tréguier, avancer la fameuse opinion du droit des représentants du tiers de se constituer en assemblée nationale.

« Le peuple est dans la proportion de 96 sur 100, disait l'orateur : Sa volonté est donc la volonté générale. »

Notre observateur apprit de l'archevêque de Rheims que les présidents du clergé et de la noblesse avaient été appelés par Louis XVI, et que dans un conseil secret, tenu par le Roi, la Reine, Mr, et le comte d'Artois, des pièces d'une importance majeure avaient fait résoudre l'union des ordres. Il vit le départ de Neker et fut entraîné par les flots de ceux qui couraient féliciter Maury ; il vit l'assemblée nationale se rendre auprès du monarque, pour prévenir les malheurs dont menaçaient les Parisiens, irrités du renvoi des ministres; il vit le prince, escorté de 8 gardes, se rendre dans la capitale, au milieu de plus de 200 piétons munis de vieilles armes et de batons ferrés.

Impatient de regagner sa paisible province, il passa par Paris, trouva des rues dépavées couvertes de patrouilles : Partout régnait la terreur. Il partit, le 25 juillet, salué à chaque pas par quelques jurements. Il se reposa à l'abbaye de Jouarre, où il avait des parentes.

En rentrant à Châlons, il vit arriver plusieurs charrettes chargées de meubles, de femmes et d'enfants : on annonçait l'approche d'une horde de 1500 brigands. C'était une vaine alarme qui passait comme un nuage sur toute la France.

Les deux amis d'Andigné et la Romagère ne partagèrent point l'effroi général. Ils avaient pris pour devise ces mots : *ni peur ni chagrin*. Cette joyeuse intrépidité ne les empêchait pas de penser à l'avenir. L'abbé la Romagère apprit l'espagnol et essaya de se faire placer dans la péninsule. Mais le duc de Crillon, auquel il s'adressa, crut qu'il n'y avait rien à craindre et ne donna pas suite à la demande. Le théologal de Châlons termina l'année, en prêtant le serment prescrit pour assister au renouvellement de la municipalité.

1790. L'abbé La Romagère fut de l'assemblée primaire de Châlons. Il fallut de nouveau jurer fidélité à la nation, à la loi et au roi. Il fit nommer son ami électeur. Au retour des fédérés, ils firent une illumination de plus de 1800 lampions ; cinq transparents portaient ces inscriptions : « Vive le Roi ! Vive la garde nationale ! Religion, Liberté, Paix et Justice ! » Des lettres formées à l'aide de coquilles reproduisaient ces mots : Vive la nation ! — Toute la ville cria : merveille !

Conduit à Paris , comme accusé d'avoir voulu sauver un conspirateur , M. de Barmont passa par Châlons et voulut voir M. La Romagère , son ancienne connaissance. Le grand-vicaire le visita souvent ; mais toujours en présence de l'officier de garde : si bien que ce trait de courage fut en même temps un acte de prudence.

Au mois d'août, il alla voir sa famille ; mais, sur l'avis que les autres vicaires-généraux abandonnaient la direction des affaires , malgré les instances de ses parents , il retourna à son poste et fut loué par son évêque de cet acte de courage et de dévouement. Il détermina le chapitre à protester contre l'ordre de cesser l'office et prêcha pour la dernière fois le jour de la Toussaint.

1791. Il n'adopta point la constitution civile du clergé et fut dénoncé par des curés , comme leur défendant de faire le serment, qu'ils n'en prêtèrent as moins. L'évêque était à Autun , près de sa mère xpirante. Il écrivit à son vicaire-général de lancer ontre eux la peine de suspense. L'abbé La Romagère ui signala les inconvénients de cette rigueur préciitée, et l'évêque de Clermont qu'il consulta, loua sa odération. Notre grand-vicaire parcourut les envions de Vertus dont il avait été chargé et chercha es rétractations : ce qui exaspéra contre lui. Mgr. é Châlons et l'évêque de Clermont lui enjoignirent e fuir l'orage ; le prévôt de la maréchaussée l'averit qu'on avait donné 8,000 fr. à deux ardents pour e saisir. Il se retira à Jouarre. Il y continua l'hisoire du schisme d'Angleterre, composée d'extraits d'auteurs. Il envoya son manuscrit à l'évêque de Clermont qui le garda, pour servir à un ouvrage plus considérable que le clergé faisait préparer. Mgr. de Châlons lui proposa de l'accompagner en Allemagne ; mais le père de notre abbé le rappela dans sa famille.

1792. Cette année, passée sous le toit paternel, fut troublée par des tracasseries pour la clôture de la chapelle domestique, par des difficultés sur le certificat de résidence, pour que notre abbé touchât sa pension à Châlons, par des fouilles illégales et des menaces continuelles de déportation.

1793. Cette année s'ouvre par un voyage périlleux de M. La Romagère, pour porter à Paris 7,000 francs en espèces, afin de les faire passer à des parents qui étaient dans le besoin à l'étranger. A son retour, il trouva une lettre qui avertissait que les deux frères vicaires-généraux étaient sujets à la loi de déportation et qu'ils feraient bien de s'éloigner. L'abbé Pierre se retira dans le département de la Creuse ; l'abbé Mathias obtint de rester, dans l'espoir de recevoir sous quinzaine un certificat attestant que les vicaires-généraux de Châlons n'étaient pas inquiétés. Mais bientôt on voulut le faire partir comme volontaire, à moins de payer un remplaçant. Il lui répugnait d'acheter la vie d'un homme ; il fit notifier à la municipalité qu'étant insermenté, il cessait d'être citoyen et qu'il fallait plutôt le poursuivre,

Il se réfugia au château des Mazières dans le département du Cher, attendant toujours son certificat. Mais, ce moyen de salut n'arrivant point, il se rendit à l'abbaye d'Espières. Des gendarmes y arrivent, tandis que notre fugitif dit son bréviaire dans le bois, et, trouvant son cheval, ils prétendent que la maison est un rendez-vous de conspirateurs. M. La Romagère rentre et veut aller justifier l'abbé qu'on emmenait pour rendre compte de sa conduite à Chateaumeillant. A leur arrivée, il fut décidé qu'on les enverrait à Bourges. Ils faillirent être massacrés à Châtre. On en voulait surtout à M. La Romagère. Lié avec de grosses cordes, les pouces serrés par des poucettes, il avait été placé sur un cheval de haute taille où il courait les plus grands dangers, n'ayant l'usage d'aucun de ses membres. Un forcené le prenant pour son frère qu'il haïssait, lui attirait toutes ces rigueurs. On montrait notre prisonnier, en criant : Il sera guillotiné à Bourges!

Il y arriva vers les quatre heures du soir, le jour de Pâques, aux cris mille fois répétés : A la lanterne ! Un vigneron se jeta sur lui, en disant qu'il voulait être son bourreau. L'abbé d'Espierres obtint par ses amis, pour lui-même et pour notre abbé, d'être transférés de la prison à Saint François, où étaient les prêtres fidèles. Ce fut là que M. La Romagère commença ses mémoires, 5 vol. in-4°. Envain prouva-t-il qu'il n'était pas tenu au serment; envain fit-il valoir une infirmité qui l'empêchait de rester assis, on répondit qu'il serait déporté à l'île de Saint-Vincent. En attendant, il concourut à des conférences et fit un mémoire pour montrer que, suivant les décisions des papes, la loi du concile de Trente sur la nécessité de la présence du prêtre, cessait , s'il   y avait extrême danger pour lui ou pour les contractants ; et qu'il suffisait alors de se donner le consentement au mariage devant plusieurs catholiques. Notre reclus se mit aussi à apprendre le grec et se délassait en faisant des vers. Mais tous les jours les vexations se multipliaient. Sous prétexte d'ôter aux prisonniers tout ce qui pouvait servir au culte, le représentant fondit sur eux, à la tête de ses satellites : deux croisèrent la baïonnette sur M. La Romagère et le chef fit enlever ses effets et exigea son argent et ses assignats.

1794. Nos infortunés transférés dans la maison de Sainte Claire, y continuaient des exercices pieux et trouvaient des consolations dans quelques bons livres qu'il fallait cacher. Tout persécutés qu'ils étaient, ils décidèrent qu'il fallait payer les impôts et contribuer au maintien de l'ordre public, par la soumission à tout ce qui n'était pas évidemment contraire à la religion.

Ce fut le 6 mars 1794 que les détenus partirent pour Rochefort.

M. La Romagère distribua à ses compagnons d'infortune 1350 fr. que des gens charitables de Bourges lui avaient remis. Sans ce secours plusieurs n'auraient pu suffire aux frais du voyage.

Après une route adoucie par les égards des gendarmes , les 9 prisonniers furent réunis aux 80 gardés à St. Maurice. Ceux-ci, voulant se donner une sorte de gouvernement, offrirent la royauté des fers à M. Le Groing ; mais ses confrères de Bourges l'aidèrent à repousser cet empire difficile. Cependant il l'eut par le fait. Il intervint avec succès pour rétablir l'ordre. Bientôt une espèce de peste sévit dans la prison. Celui qui avait refusé un honneur, s'exposa courageusement au fléau et en fut atteint, en soignant les malades. A la contagion vint se joindre un commencement de famine, par l'insuffisance de la nourriture grossière qu'on donnait aux détenus.

M. La Romagère et un prêtre de Limoges furent chargés de rédiger une pétition en faveur des cent malheureux. Loin d'obtenir un seul adoucissement, les ecclésiastiques furent transférés dans de ténébreux pontons.

Ils furent placés dans la cale obscure d'un vaisseau démâté qui servait d'hôpital aux galeux. La 1re nuit qu'il fallut passer dans ce tombeau, M. La Romagère était près d'une cave profonde, ouverte et sans parapet : il avertissait chaque personne qui approchait de prendre garde de se précipiter dans ce gouffre. Le jour vint ajouter à leurs maux. Une fouillé générale leur ravit leur argent et leurs assignats. Après cette spoliation, M. La Romogère et 60 autres furent portés à l'île d'Aix et joints à d'autres dans le navire les *Deux Associés*. A leur arrivée, nouvelle perquisition et nouveaux vols ; puis on les mit par couches, pressées à coups de sabres. Il fallait ramper sur les coudes et sur les genoux, tant les étages étaient bas. Sous prétexte de purifier l'air, on faisait pénétrer une épaisse fumée, et ensuite on tenait tout hermétiquement clos pendant une heu-

re. Les malheureuses victimes étaient continuelle-
ment froissées par les matelots; et si quelqu'une
s'en plaignait, on la mettait aux fers. L'abbé Rouil-
hac, accusé par un marin d'insinuation à la révolte,
fut aussitôt condamné à mort; 100 de ses confrères,
parmi lesquels M. La Romagère fut compris, furent
amenés pour assister au supplice. Traîné sur le
pont, le martyr protesta de son innocence; demanda un confesseur qu'on lui refusa, se recommanda
aux prières des serviteurs de Dieu et déclara qu'il
pardonnait aux auteurs de sa mort: aussitôt, plus
de 60 confesseurs présents lui donnèrent l'absolu-
tion. Il tomba sous une décharge de fusiliers; l'officier qui commandait l'exécution, tira encore après
ses soldats. Les meurtriers se jetèrent sur le cadavre sanglant et s'en disputèrent les dépouilles.

Les pillages se multipliaient: on retranchait arbi-
trairement de la portion, déjà trop faible. Des
vieillards n'avaient qu'un biscuit extrèmement dur
qu'ils ne pouvaient broyer, et manquaient même
souvent d'eau douce pour le tremper. Plusieurs
moururent d'épuisement, dévorés par la vermine,
et, pour revêtir les survivants, qu'on privait de ce
qu'ils avaient de bon, on leur partageait les haillons
des morts.

Tout secours était refusé aux malades, tandis qu'ils
étaient sur le bâtiment: on leur enlevait les remèdes
qu'ils avaient apportés; quand le mal avait fait des
progrès désespérants, on portait les mourants sur
une goëlette; entassés sur le plancher, ils étaient
suffoqués par la chaleur.

La religion adoucit les rigueurs de cette position. M. La Romagère avait sauvé quelques livres de piété et les lisait à ses confrères, afin de soutenir leur courage. Il en fallait pour agir ainsi, le capitaine ayant déclaré qu'il ferait fusiller quiconque serait convaincu d'avoir participé à une lecture de ce genre ou à une prière. M. La Romagère chercha un autre moyen de diversion, en apprenant l'italien. Bientôt, il eut à donner les plus tendres soins à son frère, et à peine l'eût-il tiré de danger, qu'il fut lui-même atteint d'une fièvre qu'il gagna, forcé de se rembarquer le soir, après s'être échauffé à creuser la fosse d'un ami.

Il trouva cinquante confrères à l'hôpital, abandonnés dans les ténèbres durant plus de huit heures. A l'arrivée de la lumière, un mourant se trouvait couché sur des cadavres. Pendant son séjour à l'infirmerie, un ouragan pensa joindre un naufrage à tant de calamités. A peine convalescent, M. La Romagère fut rendu au terrible ponton. On reportait à l'hôpital son frère retombé : il obtint de le suivre pour le soigner ; mais envain supplia-t-il de lui procurer un remède, et le malade succomba bientôt.

De retour sur les *Deux Associés*, M. La Romagère signa une pétition, autorisée et reçue ouverte par le capitaine. Ce fonctionnaire, s'armant de cette pièce, fit aussitôt mettre les fers aux pieds des signataires pendant quarante-deux heures. Ce fut un supplice d'autant plus cruel pour notre prisonnier, qu'il avait les jambes enflées des suites de sa maladie.

Pour qu'il ne manquât rien aux épreuves des serviteurs de Dieu, le feu prit deux fois au vaisseau et faillit tout consumer.

Cependant, la contagion augmentait ses ravages : les morts étaient remplacés par de nouveaux détenus. L'équipage les recevait avec une joie barbare et se jetait dessus pour les dépouiller de tout. Quarante bretons arrivèrent à la fois, mais il n'y avait plus de place. On les transporta sur un autre ponton, après leur avoir tout pris.

Robespierre venait de subir son supplice, et l'on dut penser que de grands changements ne tarderaient pas à s'opérer. On annonça que des malades seraient placés sous des tentes, à l'île Madame. M. La Romagère, tourmenté par le scorbut et ne pouvant plus se servir de ses jambes, éprouvait un besoin continuel de manger. A mesure que cette faim cruelle augmentait, on diminuait sa portion, comme pour avancer sa mort. Il fut porté sur le vaisseau l'*Indien*, et, de là, au camp de l'île Madame, où il devint absolument perclus. Son corps était comme électrisé : le moindre mouvement qu'il faisait, lui causait aux articulations des douleurs très vives. Si quelqu'un touchait seulement le bout de son lit, il éprouvait la commotion qu'on reçoit quand on fait la chaine. Ses confrères le chargèrent de dresser une pétition, pour demander que les malades ne fussent point rembarqués, à l'entrée de l'hiver, comme on les en menaçait ; mais la personne payée pour la porter, trompa les malheureux et la brûla. M. La Romagère fut remis sur l'*Indien*, et, trois semaines après, sur les *Deux-Asso-*

ciés. Il se rétablissait lentement, malgré les adoucissements survenus dans le sort des déportés.

A la fin de cette année, cédant aux instances de ses compagnons d'infortune, il fit une pétition à la convention, avec un mémoire secret où il exposait les vexations nombreuses et arbitraires dont ils avaient été victimes. Il restait dans les bornes de la modération, tant pour le bien en lui-même, que dans l'espoir qu'on serait plus touché d'un récit simple et sans fiel, que d'une déclamation qui ne convenait ni à sa position, ni à son caractère.

1795. Enfin s'effectua le débarquement si désiré. M. La Romagère vit refleurir sa santé, dès qu'il reposa sur le continent. Mais il fut effrayé du petit nombre des sauvés. 770 prêtres ou religieux avaient été envoyés à Rochefort, 566 succombèrent.

Les confesseurs de la foi reparurent au milieu des vivants comme des fantômes sortis des tombeaux. A leur aspect, les larmes coulèrent : une vénération profonde, et l'hospitalité la plus généreuse, spécialement à Saintes, leur firent éprouver l'agréable surprise d'un homme qui, s'étant endormi dans une horde barbare, se réveillerait chez un peuple poli et bienfaisant. M. La Romagère rendu à la liberté, à son pays, à sa famille, eut encore des jours orageux. Souvent, par une prompte fuite, il épargna un crime à ses persécuteurs.

Il profita des intervalles de calme, pour réparer le temple de son village, dégradé par les ans et par des profanateurs, pour répandre l'instruction chrétienne, malgré quelques impics, pour ramener à Dieu des hommes qui avaient oublié qu'ils l'avaient pris pour partage. Bien des retours le consolèrent : le sentiment religieux reprit son salutaire ascendant : tout offrait l'aurore d'un beau jour pour l'église.

CHAPITRE III.
Depuis la révolution jusqu'à sa mort.

Rentré dans son pays, l'abbé La Romagère vit se réaliser son premier désir : il fut curé de campagne. Instruire et consoler le pauvre peuple, remplir ses heures de bonnes œuvres et se délasser par les doux soins de l'horticulture : tel fut pendant de nombreuses années le fond de sa vie. Elle fut semée d'épisodes variés. Ainsi, dans un voyage que le célèbre Talleyrand fit aux eaux de Vichy, notre pasteur de village refusa un brillant avenir ; mais il demanda et obtint la restitution de biens pour des parents et sauva la vie à d'autres. Il fit une pièce de vers pour l'homme puissant et généreux dont la connaissance lui était si utile. M. de Talleyrand loue ce morceau dans ses mémoires. L'abbé La Romagère dîna chez le prince un jour d'abstinence et suivit rigoureusement les lois de l'église, fermeté qui fut hautement approuvée du grand diplomate. M. La Romagère lui resta toujours attaché de cœur : il lui montra une amitié sincère, en contribuant, par des lettres pressantes, à le faire terminer religieusement sa longue carrière. Il se rendit même à Versailles pour assister le politique mourant, s'il réclamait son ministère.

M. La Romagère eut aussi des relations avec l'illustre marquis de La Fayette. Elles s'ouvrirent par une alliance des deux familles. Comme il s'agissait d'un brillant mariage, que notre abbé venait célébrer, devant des sommités sociales, le maire de la commune crut qu'il serait à propos de faire une allocution aux jeunes époux. Il pria un ami plus habile de faire la pièce d'éloquence et passa la nuit à l'apprendre. Mais, quand le magistrat se trouva en face de l'assistance, et commença à débiter sa harangue, il fut si troublé, qu'il la défigura étrangement. Ainsi, en parlant de la future, il dit : voyez cet air de cadavre ! Le souffleur lui crie : de candeur ! Il se reprend par une autre erreur. De tous les auditeurs un seul gardait sa gravité : c'était le citoyen des deux mondes. « J'en ai entendu bien d'autres à la commune de Paris » répondit-il, à ceux qui lui témoignaient leur surprise de son sérieux.

Une autre fois, notre abbé traversant une rue pour se rendre au presbytère d'une petite ville, se sentit saisi par deux mains vigoureuses. Il se détourne et voit un homme lançant sur lui des regards enflammés et le pressant de lui débiter aussitôt tout le prône qu'il vient de donner à l'office. « Mais j'ai laissé mon cahier à l'église, répond le prédicateur, je vais aller le chercher, de crainte d'oublier quelque chose. — Allez, je vous attends, cria une voix de tonnerre : c'était celle d'un homme en démence. L'orateur s'échappe, enchanté d'en être quitte à si bon compte. Cet accident ne ralentit pas son zèle : il le signala dans toutes les chaires du pays et même au loin : il prêchait le carême à Vannes , quand il fut nommé évêque.

Mgr. de Bausset, évêque de Vannes , vint faire une ordination à Saint-Brieuc : le prélat élu l'accompagna. Il officia à vêpres dans la chapelle du séminaire , et se fit remarquer par la justesse de son chant.

La vacance du siége avait été prolongée par les négociations entre la cour de France et le souverain pontife , pour la création de plusieurs évêchés , entr'autres , de celui de Saint-Malo. La même cause fit différer le sacre de l'évêque nommé. Il n'eut lieu que le 17 octobre 1819.

Mgr. d'Andigné , sacré évêque d'Angers , logeait dans le même hôtel que notre nouveau pasteur. Le lendemain de la cérémonie , il fut éveillé par les cris d'une troupe de musiciens sous les fenêtres : « C'est pour avoir l'honneur de saluer Mgr. l'évêque, au nom de Nosseigneurs les ministres!! » et les voila de jouer nombre d'airs. Le pontife parut les croire et leur jeta une généreuse récompense. Les deux amis rirent beaucoup de cette manière de mendier.

Le successeur de Mgr. Caffarelli se hâta de venir prendre la direction des affaires de son église. Un mécontent lui avait écrit en secret, pour lui dépeindre les ecclésiastiques de premier mérite qui gouvernaient le diocèse, comme des meneurs qui voudraient toujours agir en maîtres. Cette impression faite sur l'esprit d'un vieillard étranger qui, tant de fois avait été témoin et victime des plus perfides trahisons, explique plusieurs de ses actes : elle le porta sans doute à protester par écrit contre la manière dont il avait été accueilli et installé. J'étais un des officiers employés à la cérémonie, et elle me parut belle. Le prélat fut reçu dans la salle de l'ancien évêché par le chapître et le clergé de la ville; l'abbé Boulard qui a été 60 ans chanoine à Saint-Brieuc, le complimenta avec dignité et convenance. L'évêque fut ensuite solennellement conduit à son trône dans la cathédrale et y reçut les hommages usités en cette circonstance.

La providence qui veut éprouver ses serviteurs, non seulement par les attaques des méchants, mais même par les différences de caractère et de manière de voir des bons, a offert ce moyen de mériter sous l'épiscopat de Monseigneur. Il voulait le salut de ses ouailles; tous le voulaient; mais il est rare que ceux qui ont le même but, aient les mêmes moyens. Disons donc : *Paix à tous ces hommes de bonne volonté* ; et, sans parler des nuages qui se dissipaient bientôt, admirons les vues du ciel. L'abbé de Lamennais cessa d'être grand-vicaire de Saint-Brieuc; mais il a exercé une influence bien plus grande, bien plus salutaire, par cette utile société de frères qu'il dirige avec un zèle si éclairé et à l'aide desquels il répand l'instruction élémentaire sur le continent et dans les îles; l'abbé Viel cessa de diriger le séminaire; mais il a été le directeur d'une foule de fidèles dans les voies du salut; l'abbé Le Mée quitta le grand-vicariat, mais il devint supérieur-général des paraclétines dont il est le second fondateur. C'est lui qui leur a bâti le vaste et bel établissement principal de Saint-Brieuc; lui qui a revu et publié leurs statuts, qui a reçu une foule de postulantes et plus que doublé le nombre de leurs maisons. S'il a perdu sa place de vicaire-général titulaire, peu de jours avant la mort de Mgr. La Romagère, c'était pour que l'intérêt qu'inspire le malheur s'unît à son mérite, à ses longs services et aux excellentes notes écrites en sa faveur par le prélat que nous pleurons, afin de rendre plus facile sa nomination à l'évêché de Saint-Brieuc.

On pourrait citer les autres ecclésiastiques distingués qui ont passé par quelque épreuve, et montrer que c'était pour paraître bientôt dans un poste plus élevé ou pour être placé dans une sphère d'action plus vaste et plus bienfaisante. On ne pouvait donc rien imaginer de plus favorable en résultat. Qui sait si l'envoyé du bon pasteur n'avait pas en cela un dessein de bienveillance, puisque toujours les effets le supposaient ?

Reste à nous étendre sur les nombreuses bonnes œuvres qui furent agréables à tous, dès le commencement, autant qu'utiles à la religion.

Avantages matériels procurés au diocèse.

Mgr. sut exciter et entretenir, par l'exemple des sacrifices, par sa présence, par des éloges et des récompenses, une émulation générale pour les édifices et les établissements religieux. Une multitude de chapelles et d'églises furent restaurées, accrues ou construites et décorées ; grand nombre de presbytères réparés ou bâtis, une foule de monastères fondés pour la piété et pour l'instruction des jeunes personnes. Sa grandeur contribua toujours de quelque manière à toutes ces bonnes œuvres et elle doit avoir part à la reconnaissance que méritent ces créations utiles.

Voici le tableau des principales :

Arrondissement de Saint-Brieuc.

Au chef-lieu. Embellissements de la cathédrale, entr'autres huit bons tableaux obtenus de la couronne avec de magnifiques ornements, construction de l'église Saint-Michel et de la chapelle de Notre-Dame de la Fontaine ; diverses acquisitions importantes pour le grand séminaire, achat d'un palais épiscopal et bâtiment des archives du diocèse.

A Binic. Erection de la paroisse, construction de l'église.

A Saint-Quay. Fondation des sœurs pour l'instruction élémentaire dans les campagnes, bel établissement principal où se donnent des retraites tous les ans.

A Lamballe. Fondation des sœurs de la Charité par le frère Padel, compagnon de Mgr. sur les pontons ; établissement précieux des sourds-muets dans l'ancien château des ducs de Penthièvre.

A Quessoy, à Plaine-Haute, construction de belles églises paroissiales.

Arrondissement de Dinan.

Au chef-lieu. Magnifique couvent des Cordeliers, assuré à grands frais au diocèse ; secours considérable donné par Mgr. aux Ursulines à leur translation aux Jacobins; encouragement au bel établissement des frères.

A Broons. Fondation des sœurs qui donnent des retraites dans leur maison principale et qui sont chargées des sourds-muets à Lamballe, sous la direction du supérieur de l'institut; à Corseul et Pleudihen, agrandissement des églises; à Trédias, Vildé-Guingalan, Lescouet, églises reconstruites.

Arrondissement de Guingamp.

Au chef-lieu. Bel établissement des sœurs de la Croix; maison de providence pour l'extinction de la mendicité; a Goudelin, Kerien, Pontrieux, St-Conan, St-Jean-Kerdaniel, construction des églises paroissiales; à Plouguernevel, acquisition du séminaire et de métairies pour soutenir cette école si utile au centre de la Bretagne.

Arrondissement de Lannion.

Au chef-lieu. Grandes réparations à l'église, vaste établissement des dames de la Retraite; à Penvénan, Trébeurden, Trédarzec, églises entièrement reconstruites; chapelle du Vieux-Marché obtenue de M. de la Fayette.

A Tréguier. Ancien séminaire racheté et accru; achat du superbe palais épiscopal avec bois et jardins; rétablissement des sœurs de la Croix dans leur ancienne habitation avec un grand enclos; à Tonquédec, réparation considérable de la collégiale.

Arrondissement de Loudéac.

Au chef-lieu. Maison de providence fondée par M. Mercier; à Merdrignac, Goarec, Saint-Mayeux, Plouguenast, reconstruction des églises sur un meilleur plan ; à Goarec , construction du magnifique couvent des Augustines.

Cet aperçu, qui n'est pas encore complet, montre le zèle du clergé et des fidèles pour l'érection et l'entretien des temples du seigneur. Le prélat était à la tète de ces pieuses entreprises et en parlait avec attendrissement dans ses mandements et dans ses lettres pastorales, d'autant plus dignes d'attention, qu'on y trouve le compte-rendu de ce qui s'est passé d'important dans le diocèse, pendant son épiscopat.

Une œuvre excellente mérite une mention spéciale : c'est l'établissement d'une caisse diocésaine de secours, qui, alimentée par la générosité des ecclésiastiques, surtout, pour soulager des confrères infirmes, peut fournir 10,000 fr. chaque année. Cette création fut sollicitée par celui que le ciel réservait pour successeur à Mgr. La Romagère qui s'empressa de l'adopter, Ainsi, le bon vieillard assura une retraite aux vétérans du sacerdoce, à ces hommes de bien qui inspirent d'autant plus d'intérêt, qu'ils ont tout sacrifié et se sont dévoués eux-mêmes au salut de leur troupeau.

Mais, si le pontife était si attentif à procurer le bien temporel de son église, il était encore plus soigneux de l'instruction et de l'édification de la population nombreuse confiée à sa garde. Pour s'en convaincre, il suffit de dire un mot de ses efforts pour l'enseignement et la sanctification de ses ouailles.

Avantages intellectuels procurés au diocèse.

Instruction primaire. Mgr. favorisa toujours les congrégations des filles du Saint-Esprit, de la providence, de Saint-Quay, de Broons, de Créhen, sociétés toutes nées dans le diocèse de Saint-Brieuc et qui ont pour objet, entr'autres, l'éducation des filles. Sa grandeur montrait une affection spéciale à l'établissement de Me Bagot qui élève des enfants de parents pauvres et honnêtes.

Le prélat protégeait les frères de Saint-Yon et fit tous les frais de leur chapelle ; il encouragea tellement les frères de M. de Lamennais, que leurs écoles sont très nombreuses dans le département et qu'ils y ont des établissements considérables, surtout à Dinan, à Guingamp et à Tréguier.

Se regardant comme le père de ses diocésains, le bon évêque n'était point exclusif. Il applaudissait aux efforts et aux succès des instituteurs et des institutrices laïques et se plaisait à couronner aussi leurs élèves, à la fête de l'émulation, à la solennité des prix.

Mgr. visitait les classes, interrogeait les enfants avec une bonté touchante. On a vu, à la cathédrale, l'auguste pasteur en cheveux blancs, assis au milieu d'une foule de jeunes auditeurs, leur donnant des leçons de sagesse. Dans ses courses apostoliques, il distribuait de bons livres, entr'autres divers petits ouvrages de St.-Alp. de Liguory et des explications du catéchisme.

Instruction secondaire. Il parvint à porter à trois, le nombre des écoles ecclésiastiques. Il n'y a que 5 autres diocèses en France qui aient le même avantage, ceux de Besançon, Lyon et Soissons. Mgr. soutint de sa bourse et de son crédit auprès du gouvernement cette triple pépinière, si précieuse pour l'état ecclésiastique. J'ai été élève au séminaire de Tréguier et professeur à celui de Plouguernevel, j'y ai vu les sacrifices et les soins paternels du prélat pour la prospérité des établissements et les progrès des élèves : il a mis nos maisons d'éducation cléricale à la hauteur des meilleurs colléges.

Les colléges universitaires étaient également l'objet de sa sollicitude. Les maîtres et les élèves de Dinan, Lamballe, Guingamp et Lannion ont reçu ses encouragements ; mais il avait une prédilection pour le collége si important de Saint-Brieuc. Souvent il y officiait, souvent il y prêchait, souvent il y faisait des visites, et toujours il était accueilli avec applaudissement. Il avait soin d'assister aux distributions et on aimait à l'entendre conseiller et féliciter la jeunesse studieuse, encourager les familles à placer leurs plus chères espérances dans cet établissement. Cette tendre et honorable protection se retrouve dans son digne successeur, élève distingué du collége de St.-Brieuc.

Etudes ecclésiastiques. Successivement élève et professeur de philosophie et de théologie au grand séminaire, j'ai été témoin de l'activité que le prélat déployait pour cette source de lumières et de sagesse. Il venait souvent présider à tous les exercices. Il fonda une chaire d'histoire et une chaire d'éloquence sacrée. Il eut un soin continuel de faire enseigner la doctrine catholique dans toute sa pureté et d'écarter des discussions au moins inutiles sur des questions libres. On connaît son opposition énergique et constante aux opinions d'un talent immortel; mais il n'y vit jamais qu'une attaque contre le gallicanisme, et l'on sait maintenant que c'est tout autre chose. L'auteur s'est de plus en plus dévoilé, pressé par de vives résistances.

Désirant que son clergé ne cessât de s'instruire, Mgr. maintint pour les nouveaux prêtres la règle de subir des examens, pendant trois années; il rétablit dès 1825 un moyen de progrès dans les sciences religieuses, les conférences ecclésiastiques. En sorte que tout le diocèse devint une vaste école, où tous les ministres du ciel se fortifiaient sans cesse dans l'étude de l'écriture, de la tradition et de la théologie.

Mais il voulait que toutes les connaissances fussent utiles au peuple. Il encourageait par d'honorables mentions, par de l'avancement, par la décoration du camail les ecclésiastiques qui signalaient leur zèle et leur talent dans la tribune sacrée. Non content d'en tirer parti pour l'instruction de ses ouailles, il les accordait avec empressement à ses collègues qui les demandaient pour des stations dans leurs principales églises.

Il enhardissait par les approbations les plus bienveillantes les compositions utiles et contribuait à les faire répandre. On sait avec quelle faveur il accueillit le projet de la statistique du diocèse et combien de recommandations et d'avis il donnait tous les ans, à la fin du directoire, pour en faciliter t hâter le succès.

Il poussait à tous ces progrès par le moyen le plus court et le plus fort, par l'exemple. On l'a vu dans toutes les chaires du diocèse, même dans la Basse-Bretagne, où il faisait traduire par un ecclésiastique ce qu'il disait en français. Dans l'intervalle de ses visites épiscopales et dans le peu de loisir que lui laissaient les affaires d'un des plus grands évêchés du royaume, il revoyait ses mémoires, composait des sermons, des cantiques, des traités ; il en avait travaillé un avec un soin particulier sur *les Croix*.

Deux grandes créations méritent une attention toute spéciale : l'école des sourds-muets à Lamballe et l'hospice des frères de Saint-Jean-de-Dieu aux Bas-Foins, près Dinan. Ainsi, des centaines de personnes, jusqu'ici privées de toute instruction et qui en paraissaient incapables, recevront le bienfait de la civilisation chrétienne ; ainsi ceux qui avaient perdu cette raison qui distingue les rois de la création sont l'objet d'un dévouement qui toujours améliore leur état, et souvent leur rend le trésor qu'ils avaient perdu. Mgr comprit toute l'utilité de ces établissements et les appuya si bien, que le diocèse les voit prospérer.

Avantages moraux

Le *Clergé*, qui doit être la lumière du monde et le sel de la terre, était soutenu dans son esprit céleste par deux retraites annuelles dont le prélat chargeait des talents distingués, tels que MM. Benoin, Boyer, Combalot, etc. Il voulut même une retraite permanente qui rallumât la ferveur. Il racheta, à cet effet, l'antique abbaye de Saint-Aubin, dont l'illustre Saint Bernard était venu jadis choisir l'emplacement au sein d'une forêt, à quelques lieues de Lamballe. Mgr voulait y établir des missionnaires diocésains.

Il montrait une tendresse paternelle à tous ses coopérateurs, et pourvoyait aux besoins de ceux qui n'avaient pas de ressource. Ainsi, un soir, on déposa à la porte de son palais un ecclésiastique aliéné; le bon Evêque le recueillit avec empressement, lui prodigua des soins, le fit porter dans sa voiture à une maison de santé et se chargea des frais de la guérison.

Il s'attachait à donner des occupations à tous les membres de son nombreux clergé. On comptait 891 prêtres dans le diocèse, le premier Janvier 1841. Comme il y avait plus de sujets que de places, il en envoyait en d'autres diocèses et dans les colonies. Il avait même eu le projet d'établir à Tréguier un séminaire pour former des aumôniers de la marine. C'est ainsi que son zèle s'étendait à tout.

Sachant combien l'harmonie entre la puissance séculière et l'autorité spirituelle est favorable au bien, il travailla ardemment à la reconciliation de l'Archevêque de Paris avec le Roi des Français. Il donnait lui-même l'exemple de l'oubli de tout ce qui peut séparer les cœurs. Un journal, dont le célèbre abbé de Lamennais était le rédacteur en chef, avait fait au vénérable prélat un outrage contre lequel tout le diocèse réclama hautement. Le digne succes-cesseur de Saint Guillaume fit encore mieux. Un jour, dans une demeure entourée de bois et peu éloi-gnée des limites de notre évêché, un prince de l'é-glise, un confesseur de la foi pressait tendrement la main qui a écrit des chefs-d'œuvre pour le catho-licisme, mais qui depuis.... M. La Romagère s'était rendu secrètement, à La Chenaie, chez le génie éga-ré et l'invitait affectueusement au retour. Puisse le souvenir de ce trait généreux toucher un fils qui promettait tant et que l'épouse du sauveur espère presser encore dans ses bras maternels !

Les *fidèles* étaient l'objet du dévouement du pieux évêque tous les jours et sous toutes les formes.

Les pauvres parleront longtemps de sa charité. Il avait une liste toujours croissante d'indigents qu'il soutenait, outre tous les autres pour lesquels il trou-vait toujours quelques ressources. Dans ses voyages, il avait bientôt distribué les sommes qu'il portait. Comment soulager les malheureux qui venaient en-suite implorer sa piété ? sa générosité inépuisable empruntait des personnes de sa suite et de celles qu'il visitait, et tous les nécessiteux le quittaient con-tents. Il était d'une activité vraiment infatigable à remplir les diverses fonctions du ministère. Dirigeant une adoration à Lannion, il prêchait, il confessait, il faisait l'office, il se multipliait, pour suffire à tout. Aucun obstacle ne l'arrêtait. Ayant promis de confirmer à Bréhat, il arrive au rivage, et voit, entre lui et l'île, une mer furieuse, battue par une horrible tempête. Tous les autres spectateurs, les marins mêmes, sont saisis de crainte : mais le vieillard intrépide s'est élancé dans une barque et se fait porter chez les insulaires épouvantés de sa hardiesse.

Le courage qu'il signalait sur les flots l'accompagnait dans ses courses pénibles sur le continent. On l'a vu, menacé d'hydropisie de poitrine, presqu'anéanti par la fièvre, franchir les landes et les monts de la Cornouailles, pour bénir encore une fois les villageois attendris et administrer à leurs enfants le sacrement de la confirmation.

L'héroïsme, qu'il avait déployé dans la persécution, se renouvela contre un fléau encore plus effrayant. Le choléra sévit sur plusieurs points du diocèse et principalement à Paimpol. M. La Romagère s'y rendit secrètement, pour éluder tous les obstacles qu'on mettait à un voyage si périlleux pour une tête si chère.

M. Le Mesl, maire de Paimpol, parlant d'un service célébré le 9 mars 1841, à la recommandation du conseil municipal de sa ville, pour le repos de l'âme du prélat, retrace ainsi dans le numéro du *Publicateur* du 20 mars, même année, le dévouement du magnanime vieillard ;

« Dans le mois d'Août 1832, une maladie cruelle et étrange vint fondre sur cette ville. L'art est impuissant pour la combattre ; la mort suit presqu'immédiatement les atteintes de l'épidémie. C'est lorsque le choléra-morbus décimait cette population ; lorsque beaucoup d'habitants, épouvantés des ravages qu'il exerce, cherchent leur salut dans la fuite ; lorsque nos marchés sont déserts ; lorsqu'enfin la désolation est à son comble, que notre digne évêque vient partager nos périls et nous apporter les consolations de son ministère. Le son joyeux des cloches nous apprit cette bonne nouvelle, qui produisit une sensation profonde. L'église se remplit instantanément de fidèles : là, on invoque l'Eternel en commun, sous les auspices du vertueux prélat. L'espoir rentre dans les cœurs. Ce n'est pas une voix éloquente qui opère ce prodige ; c'est la parole dépourvue d'ornement d'un respectable vieillard ; c'est la foi qui l'anime et qu'il sait inspirer ; c'est aussi le prestige de sa dignité, la sérénité empreinte sur ses traits vénérables ; c'est enfin l'ascendant irrésistible de la vertu dont il est la personnification la plus sensible.

« Cette calamité publique avait excité beaucoup de dévouement : les médecins, les prêtres et plusieurs autres personnes des deux sexes affrontèrent les dangers de la contagion avec un courage digne des plus grands éloges, pour administrer des secours aux nombreux cholériques, de nuit comme de jour. Chacun remplit les devoirs de son état, ou la mission charitable qu'il s'était imposée, avec un zèle infatigable.

« Mais l'effet moral que produisirent la présence, les exhortations et l'exemple de notre digne évêque est inappréciable. Le saint caractère dont il était revêtu, l'affection paternelle qu'il témoignait à une ville en proie à une terrible épidémie, toutes ses actions inspiraient la reconnaissance, la confiance et le respect. L'espoir était d'autant plus utile que la frayeur était une prédisposition à la maladie, et que ce sentiment, qui avait déjà causé la mort de plusieurs personnes, était le partage du plus grand nombre.

« Les pauvres furent les objets de sa plus vive sollicitude. Dès le début de l'épidémie, on avait établi deux ambulances pour recueillir les cholériques et soigner les indigents. Le digne prélat visitait tous les jours ces établissements charitables, et prodiguait ses soins affectueux aux malades qui y étaient déposés.

« Quoique cette effrayante maladie causât autant d'horreur que la peste, il embrassait tendrement les malades ; il leur administrait des secours sans crainte ni répugnance ; il en frictionna plusieurs de ses propres mains.

« Ce digne prélat séjourna à Paimpol pendant dix ou douze jours, à l'époque où le choléra sévissait avec beaucoup de rigueur. Il ne nous quitta que lorsque le fléau qui nous valut sa présence avait beaucoup perdu de son intensité.

« Sa mémoire sera éternellement vénérée en cette ville. La tradition qui apprendra à nos arrière-neveux que le choléra asiatique décima la population de Paimpol, dira aussi aux générations futures la conduite admirable de l'évêque qui siégait alors à Saint-Brieuc : ces deux traits sont inséparables. »

On a cru que le dévouement de Mgr. La Romagère était son principal titre à la croix d'honneur. Il y avait acquis d'autres droits par l'ensemble de son administration. Son concours franc et continuel à seconder dans le bien la puissance temporelle une fois établie, contribua à préserver le pays des malheurs qui souvent accompagnent une révolution. 1830 vit la modération d'un disciple du maître qui a dit : « mon royaume n'est pas de ce monde. » Tous les partis applaudirent à sa prudence, et le gouvernement la décora.

Son respect pour l'autorité séculière ne l'empêchait point de soutenir les droits de l'épiscopat. Voici une des preuves qu'on peut en donner. Il prit pour vicaire général M. Le Maistre, ex-proviseur du collége royal de Pontivy. La grande aumônerie refusa d'agréer le sujet que présentait le prélat. Il maintint son choix, le fit appuyer d'un mémoire composé par le chanoine Le Sage, alla le soutenir à la cour ; et, dans une audience qu'il obtint de Louis XVIII, fortifiant sa réclamation des plaintes de plusieurs autres Evêques, il fit décider la création du ministère des affaires ecclésiastiques.

Il contribua à d'autres événements d'une grande influence. Trouvant les casuistes divisés sur la question du prêt légal, il sollicita une solution de

Rome. Il lui fut répondu, ainsi qu'à l'évêque de Rennes : *Il ne faut point inquiéter ceux qui prêtent ainsi croyant de bonne foi la chose permise , pourvu qu'ils soient disposés à se conformer à la décision définitive que l'église pourra donner sur ce point.*

Mgr fut un des fondateurs de la caisse d'épargnes de Saint-Brieuc, la plus ancienne du département et une des premières de France.

On a vu quelle impulsion il donna pour la restauration des monuments qui excitent la piété, si utile à tout. Il en répara même à ses frais, entr'autres la croix Samsonnet, qui s'élevait jadis au bout de la rue Quintin à Saint-Brieuc, mais que la tempête révolutionnaire avait abattue. Maintenant elle porte le nom de *Croix-Mathias.*

C'est sous l'épiscopat de Mgr La Romagère, que deux dévotions très touchantes, le *Chemin de la Croix* et le *Mois de Marie,* ont pris un grand développement, et que celle de la *conservation de la foi* a commencé.

Cependant, les années et les fatigues, s'unissant aux souffrances qu'il avait éprouvées, affaiblissaient sensiblement l'évêque de Saint-Brieuc. Une perte aussi affreuse qu'imprévue vint encore flétrir son cœur. Un neveu qui lui était bien cher fut assassiné, à l'entrée de sa campagne. Mgr épancha sa douleur dans le cœur de ses diocésains : on fut touché d'entendre le pontife octogénaire donner les plus tendres regrets à un appui de sa vieillesse. On sera édifié d'apprendre jusqu'où il porta la charité, dans une circonstance si pénible. Il écrivit au curé de la paroisse du malfaiteur, pour le conjurer de prendre le plus grand soin de l'âme du malheureux, et fit remettre des fonds pour subvenir à ses besoins, à ceux de sa femme et de ses enfans.

Mgr préférant l'intérêt de son diocèse à la douceur d'y vivre et d'y mourir, au milieu des marques de l'affection générale, se décida à demander un coadjuteur, et même un remplaçant. Il jeta les yeux sur M. de Hersé, alors curé de Laval, et chargea Mgr de Lesquen, évêque de Rennes, de conduire la négociation. Le modeste pasteur, ancien député et ex-maire de Laval, redouta le fardeau qu'il eut cependant porté avec honneur. Celui qui s'humilie sera exalté. Il est aujourd'hui à la tête du diocèse de Nantes et y fait le plus grand bien.

Que Mgr ait voulu un coadjuteur, qu'il l'ait désigné, qu'il se soit même engagé formellement à se retirer, dès que le successeur arriverait, c'est un fait certain. Les évêques de Rennes et de Nantes l'ont déclaré devant moi, et en nombreuse compagnie, au palais épiscopal de Rennes, dans le mois d'Août 1840. Sans se laisser déconcerter par un refus, Mgr proposa un autre sujet qui ne fut pas agréé; un autre lui fut proposé; mais il ne l'acccepta pas. Je tiens ces faits de *bonnes sources*. Ce ne fut qu'après toutes ces contrariétés qu'il se détermina à conserver son poste.

Mgr étonnait encore par son activité. La mémoire seule s'affaiblissait. Un mal qui ne pardonne guère avait disparu de la joue droite, pour donner une lueur d'espérance. Bientôt on sut avec effroi qu'il s'était porté à la gorge et on pressentit le dénoue- ment fatal. Le prélat vit avec calme les progrès de la maladie mortelle; il se préparait depuis long- temps au redoutable passage. Toutes ses dispositions avaient été réglées à tête reposée. Son patrimoine, évalué à 144 mille francs et conservé bien intact, devait rester à sa famille, excepté 10,000 fr. qu'il en détachait, pour payer un bois acquis, afin d'ac- croître la propriété diocésaine de Saint-Aubin. Le peu qu'il devait a été couvert par le produit de la vente de son mobilier et par la partie échue de son traitement.

De son lit de douleur, il adressa de tendres adieux à son troupeau et se recommanda à ses prières. Dès la veille du renouvellement de l'année, il disait à son chapitre : *Ad multos annos!* Jamais ces paroles n'eurent une application plus étendue : il allait at- tendre ses ouailles dans le monde où les années sont éternelles. Il reçut les derniers secours de l'église avec une piété touchante.

Le 19 février 1841, à 11 heures du matin, le son funèbre des cloches de la cathédrale annonça que le prélat vénéré venait de s'endormir dans le seigneur.

Il est parlé de Mgr La Romagère dans les *Confesseurs de la foi*, par Guillon ; dans l'*Histoire de
l'église de Bretagne*, par M. Tresvaux ; dans le dic-
tionnaire des sciences ecclésiastiques, etc. ; dans l'ami
de la religion, dans l'univers religieux et les
journaux du département.

M. Gouézou a représenté le prélat dans une litho-
graphie répandue dans le diocèse ; M. Kerangal a
fait le portrait que la famille a retenu ; et M. Baret,
celui qu'on voit au séminaire.

FUNÉRAILLES.

Jeudi, 25 février, à neuf heures du matin, les
places et les rues que devait parcourir le convoi,
les fenêtres des maisons environnantes étaient rem-
plies de spectateurs. Les corps constitués et les ad-
ministrations, convoqués par le premier magistrat du
département, la garnison et la garde nationale se di-
rigèrent vers l'évêché. Les congrégations, les com-
nautés non cloîtrées, les séminaristes, les frères de
l'Institut-Lamennais, ceux de Saint-Yon et de St.-
Jean-de-Dieu, plus de 550 prêtres, présidés par
les quatre vicaires-généraux-capitulaires, allèrent
processionnellement faire la levée du corps, exposé
depuis le vingt, dans la chapelle du palais épiscopal.

Bientôt sur le perron de l'entrée parut le cercueil :
MM. le préfet, le maréchal de camp, le président
du tribunal civil et le président du tribunal de com-
merce tenaient les glands du poêle. La bierre, éle-

vée sur un brancard, couverte d'un magnifique drap mortuaire, sur lequel étaient étendus le camail violet et l'étole pastorale, était respectueusement soutenue par huit clercs. Devant la châsse fumait l'encens; et la houlette sacrée, entourée d'un crêpe noir, était portée avec les autres insignes d'un prince de l'église.

Aux chants religieux se mêlèrent des salves de canon, au passage de la cour; des décharges de mousqueterie, à la traversée de la place centrale. La marche funèbre parcourut, en chantant le *De profundis*, une grande partie de cette ville qui, tant de fois, vit le successeur des apôtres bénir les enfants et soulager les vieillards malheureux.

Cependant le son des cloches jetait au loin une harmonie lugubre dont l'obscurité du ciel augmentait la religieuse tristesse; la cathédrale, ornée de tentures de deuil, qui montraient son veuvage et étaient semées des emblèmes de la mort et des armes de l'illustre défunt, attendaient les dépouilles qui venaient chercher un lieu de repos près du tombeau d'un saint.

Un catafalque d'une grave architecture, abondamment illuminé, reçut, comme dans une auréole de gloire, le précieux dépôt, au pied du trône où le chef du diocèse pria si souvent pour la France et pour les âmes dont le sauveur l'avait chargé. Les musiques du régiment et de la garde nationale exécutaient des airs appropriés à cette fête de la douleur; deux chantres célèbres que nous envie la capitale (MM. Le Quémen et Médrignac) dirigeaient le lutrin. Toutes les stalles étaient occupées par les chanoines en titre ou honoraires ; le sanctuaire était plein d'autres collaborateurs du zélé prélat. Le sacrifice fut offert par M. l'abbé Sorgniard, assisté de deux autres vétérans du sacerdoce.

A l'issue de la messe, M. le curé de Saint-Etienne qui, le dimanche précédent, avait exalté les vertus et les bonnes œuvres de sa grandeur, annonça qu'un service solennel pour le repos de son âme serait célébré le 11 mars.

Les trois ministres en cheveux blancs firent les 5 absoutes, les 9 aspersions et les 9 encensements prescrits pour un pontife.

Alors commença la procession finale, à l'intérieur du temple : l'assistance resta en place, excepté le cortége principal : quarante chanoines s'avancèrent suivis des restes de celui qui les avait presque tous revêtus de leur dignité ; deux amis de l'homme de Dieu conduisaient un de ses neveux qui l'accompagnait jusqu'à sa dernière demeure.

Le corps de Mgr Le Groing La Romagère a été inhumé dans la belle labe gothique qu'on voit à l'entrée de la chapelle des défunts, du côté de l'épître. Tout le monde a voulu lui jeter de l'eau sainte, en priant celui qui tue et ressuscite de réunir les brebis au pasteur dans cet heureux bercail où n'entrent point la douleur et la mort.

Service et Oraison funèbre.

Jeudi, 11 mars, un service solennel a été célébré à la cathédrale pour le repos de l'âme de Monseigneur Le Groing La Romagère. Dans le temple antique, tendu de noir, se pressait une nombreuse assistance en deuil ; une musique funèbre et des chants lugubres exprimaient la douleur dont tout le monde était pénétré.

Après l'évangile, le clergé s'est assis au pied de la chaire qu'occupait M. Robillard, professeur de dogme. Voici l'analyse du discours qu'il a prononcé.

Texte. Mementote præpositorum vestrorum, qui vobis locuti sunt verbum Dei, quorum intuentes exitum conversationis, imitamini fidem. Héb. 13. 7.

Exorde. L'usage catholique est de garder le souvenir des maîtres de la vie dont les exemples parlent encore si haut, long-temps après que leur voix s'est éteinte : l'affluence aux obsèques du prélat, les visites à son tombeau et le concours qu'attire cette cérémonie, témoignent de la docilité de tous à la recommandation de l'apôtre. Mais des motifs particuliers s'unissent à la règle générale.

Division. Sa mémoire est honorée, à cause de la constance de sa foi et de l'ardeur de son zèle.

1er *point.* Sa foi s'est signalée par trois grands faits : patience dans les persécutions, à Rochefort ; opposition aux erreurs séduisantes d'un génie, qui avait d'abord défendu éloquemment la vérité ; soumission conciencieuse au gouvernement établi.

2e *point.* Son zèle a brillé sous des formes qu'il serait long d'énumérer : citons-en quelques unes : prédication continuelle, empressement à relever l'éclat des cérémonies marquantes, protection des établissements religieux, soin d'en former de nouveaux, dévouement dans les dangers, secours aux malheureux, etc.

Péroraison. Tant de bonnes œuvres, couronnées par une mort édifiante, font penser que le serviteur fidèle est entré dans la joie du Souverain Maître; cependant, comme la vie même louable des hommes a besoin de la miséricorde de Dieu, invoquons-la pour le pasteur qui, dans cette enceinte, l'implora si souvent pour nous; joignons-y un vœu conforme à l'affection qu'il nous conserve : qui le ciel accorde à notre diocèse un nouveau chef qui sache toujours unir au plus ferme attachement aux principes les plus tendres égards pour les personnes !

Mausolée

de Mgr. Le Groing-La-Romagère.

Voici le projet du monument que la piété filiale du diocèse veut ériger à la mémoire du prélat.

La base sera un quarré en marbre noir; elle portera une statue en pied et de marbre blanc, représentant l'auguste vieillard, avec soutane, rochet, camail, étole et croix épiscopale, le coude gauche et la tête appuyés sur des coussins, le bras droit étendu et tenant un emblême, le visage tourné vers l'autel des défunts.

L'intérieur de la labe sera revêtu de marbre noir et orné d'inscriptions en lettres d'or; les armes de Mgr La Romagère brilleront à la pointe de l'ogive, sous la croix qui la couronne. Un balustre de fer protégera l'entrée du tombeau.

Les décorations gothiques de l'enfeu où repose le corps du vénérable pontife sont réparées par MM. Noury et Ogée.

Une souscription est ouverte au secrétariat de l'évêché pour couvrir les frais du monument. Le successeur de Mgr La Romagère a voulu y contribuer pour mille francs; on n'a accepté que la moitié de cette somme. Mais il s'est chargé d'ajouter aux offrandes tout ce que pourrait demander la digne expression de la reconnaissance publique.

Une foule de personnes ont déjà répondu à l'appel de MM. les vicaires-généraux-capitulaires. Les ecclésiastiques sont spécialement invités à donner au prince de l'église une preuve de bon souvenir; mais les autres fidèles étaient aussi ses enfants bien aimés, et on recevra également leurs marques d'attachement et de respect pour le confesseur de la foi, qui les aima dans le temps et qui les chérit encore dans l'éternité.

NOTICE

sur

Monseigneur LE MÉE,

Évêque nommé de Saint-Brieuc.

M. Jacques-Jean-Pierre Le Mée naquit le vingt-trois juin 1794, à Iffiniac, commune voisine de St-Brieuc, d'une honnête famille de cultivateurs. Il avait des parents assez riches, entr'autres M. Hingant, recteur d'Andel, qui jouissait de huit mille francs de rentes.

La mère de M. Le Méc avait près de cinquante ans, quand il vint au monde. Il se ressentit de l'âge avancé du sein qui l'avait porté ; et, pendant ses sept premières années, il flotta constamment entre la vie et la mort.

Dès sa 4ᵉ année, il annonçait avec assurance qu'il serait prêtre : ce qui surprit d'autant plus qu'alors le clergé était en butte aux persécutions. Pour l'éloigner d'une carrière si périlleuse, son père lui vantait la vie paisible des agriculteurs ; mais le goût invariable de l'enfant, encore plus que la faiblesse de sa complexion, le fit mettre à l'école primaire, et l'étude fut sa première et sa seule occupation.

L'univers religieux rappelle ainsi ses succès :

« Plusieurs prêtres de l'arrondissement de Saint-Brieuc nous écrivent, en date du 25 février 1841 : Il y a plus de trente ans que M. Le Méc manifesta, à Saint-Brieuc, la supériorité de son esprit, en remportant le prix, dans un concours entre les élèves des écoles ecclésiastiques du diocèse, au nombre de six. Durant toutes ses études, il se distingua toujours dans toutes les facultés ; et, quand, après un cours complet de théologie, il quitta le séminaire, pour aller se perfectionner à Saint-Sulpice, le vénérable supérieur, M, Vielle, disait de lui : *M. Le Méc est un homme très rare ; il sait tout ce qu'il a lu et entendu dans sa vie.* »

M. Le Méc avait fait sa rhétorique au collége de Saint-Brieuc sous l'abbé Souchet, maintenant chanoine titulaire de la cathédrale. Il connut au séminaire de Saint-Brieuc , le célèbre abbé Félix de Lamennais. L'abbé Mauron a rappelé devant moi à M. Le Mée, nommé évêque, une circonstance singulière. M. Le Mée, écrivant à son pasteur, pour le prier d'annoncer que les supérieurs ecclésiastiques l'appelaient au sous-diaconat, ajoutait dans son humble reconnaissance le 6ᵉ verset du 112ᵉ psaume. Le vieux recteur et M. Mauron qui était présent, quand la lettre du pieux ordinand fut lue, pensèrent que le verset qui suit immédiatement pourrait bien se réaliser en sa faveur : *Ut collocet eum cum principibus, cum principibus populi sui.*

M. Le Mée fut ordonné prêtre à 23 ans et 6 jours, dans la chapelle de Notre-Dame de Lorette, à Issy.

Il parut avec éclat dans les chaires de philosophie, d'écriture sainte et de théologie, au séminaire de Saint-Brieuc. Il trouvait encore le temps de faire des instructions, de former les ordinands aux cérémonies, de diriger l'établissement que Mademoiselle Bagot avait ouvert aux orphelines, de composer le directoire, de rédiger et d'éditer le nouveau bréviaire du diocèse. Quand M. Viel cessa d'être à la tête du séminaire, M. Le Mée lui fut donné pour successeur.

C'est dans le grand-vicariat qu'on l'a vu le plus long-temps ; il l'a occupé pendant plus de vingt années, avec le titre, à deux longues reprises, conservant et exerçant encore les pouvoirs, dans l'intervalle.

Dès la première fois qu'il fut vicaire-général agréé, il fit preuve de talent administratif ; mais, dégoûté par la division qui affligeait le diocèse, il exposa tout son avenir en remerciant. Le désir de faire changer sa détermination porta à le nommer vicaire d'une pauvre campagne. Cet acte d'un premier mouvement fut neutralisé, et M. Le Mée fut appelé à desservir une chapelle dans la capitale. Un conflit de juridiction entre l'archevêque et le Grand-Aumônier y fit cesser l'office divin ; de son côté, Mgr La Romagère, sentant le besoin de son ancien vicaire-général, qu'il savait lui être dévoué, se hâta de le rappeler. Après s'être reposé au séminaire de Dinan, M. Le Mée vint reprendre le haut enseignement clérical et eut les pouvoirs de grand-vicaire. Bientôt, il joignit à cette dignité la charge de supérieur-général des communautés du diocèse et surtout de la congrégation des filles du Saint-Esprit. Il a fait bâtir la magnifique maison principale à S'.-Brieuc ; il a revu et publié les statuts de l'ordre, reçu une foule d'aspirantes et plus que doublé le nombre des fondations.

Le goût qu'il montrait pour l'architecture avait fait demander le concours de ses lumières et de sa surveillance pour la construction de l'église St.-Michel de Saint-Brieuc. Mais l'édifice du salut était sa grande occupation.

On se rappelle dans les principales villes du département, ainsi qu'à Quimper et Brest, ses remarquables conférences sur la religion. Il dirigeait les retraites religieuses et souvent celles des laïques, au nombre de 24. Depuis qu'il avait succédé, au grand-vicariat-titulaire, à M. Le Treust, que la mort a trop tôt ravi au diocèse, dont il était une lumière et un modèle, il dressait le programme des conférences. Son cadre embrasse tout ce qui intéresse le christianisme. C'est le plan d'un grand ouvrage auquel il voulait consacrer ses loisirs.

Mais la providence lui demande plus qu'un chef-d'œuvre : plus de six cent mille âmes sont confiées à sa sollicitude.

Le 15 mars 1841, les ministres ont voté à l'unanimité l'élévation de M. Le Mée au siége épiscopal de Saint-Brieuc; le roi a signé l'ordonnance le 20; la nouvelle en est parvenue à Saint-Brieuc le 25. La satisfaction générale témoigne que la houlette est donnée au mérite personnel, aux services signalés, à la piété douce et éclairée, au zèle pour le bien public. En prenant pour devise *Firmitas ecclesiæ* et pour emblème l'ancre qui figure la fermeté, le prélat annonce qu'il suivra ses généreux prédécesseurs.

Nous pourrions suivre Mgr, appelé à Paris, l'y voir accueilli avec distinction par ses collégues, par nos députés, par les ministres et par le Roi. J'aime encore mieux fixer les regards sur quelques unes de ses récentes bonnes œuvres. Revoqué brusquement par une méprise bien excusable dans un mourant, il visita deux fois celui qui l'avait traité avec dureté, mais qui revint si vite et si bien, qu'au-dire d'un prêtre qui ne quittait pas le bon vieillard, il aurait voulu le mettre au rang suprême dans l'église. Mgr Le Mée s'est chargé de remplir l'engagement pris par son prédécesseur de fournir deux colonnes à l'église

Saint-Michel ; il a créé une rente viagère de 200 fr. à un vieux serviteur de Mgr La Romagère ; il fait à la cathédrale un don de plus de 4,000 fr. , il prépare la construction d'un grand séminaire à La Beauce, au haut de la rue aux Chèvres ; il médite l'amélioration du sort de nos indigents, des jeunes détenus, des ecclésiastiques âgés et infirmes. En marchant dans cette voie de bienfaisance et de progrès, celui qui fut le maître de tant de membres du clergé des Côtes-du-Nord, lui montre qu'il a compris la mission des ministres du Sauveur. La charité, voilà le besoin général et continuel ; c'est aussi le génie du catholicisme : Là se trouve une toute-puissance aussi agréable qu'utile à l'univers.

Mgr avait depuis long-temps fait preuve de sa prédilection pour la Reine des vertus. Etant encore en rhétorique, il composa une prose en l'honneur de Saint-Yves dont toute la vie est un tissu de bienfaits ; et c'est à sa demande que j'ai composé celle de St-Guillaume, autre héros de la bienfaisance.

Table des Matières.

Imprimerie de Le MAOUT à Saint-Brieuc.

1841.